Luisa Rose

Schnurrdiburr

Ausmalbuch für Erwachsene

Bibliografische Information der Deutschen Nationalbibliothek:
Die Deutsche Nationalbibliothek verzeichnet diese Publikation in der Deutschen Nationalbibliografie; detaillierte bibliografische Daten sind im Internet über http://dnb.dnb.de abrufbar.

© 2016 Luisa Rose; 1. Auflage
Covergrafik, Texte & Illustrationen © 2016 Luisa Rose

Herstellung und Verlag: BoD – Books on Demand, Norderstedt

ISBN: 9783743112834

Erstes Kapitel

Sei mir gegrüßt, du lieber Mai,
Mit Laub und Blüten mancherlei!
Seid mir gegrüßt, ihr lieben Bienen,
Vom Morgensonnenstrahl beschienen!
Wie fliegt ihr munter ein und aus
In Imker Dralles Bienenhaus

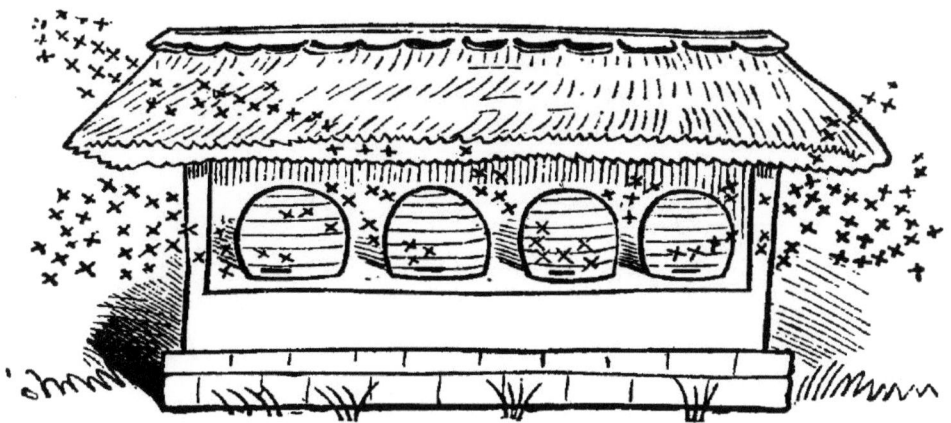

Und seid zu dieser Morgenzeit
So früh schon voller Tätigkeit.

Für Diebe ist hier nichts zu machen,
Denn vor dem Tore stehn die Wachen.
Und all die wackern Handwerksleute
Die bauen, messen still vergnügt,

Bis dass die Seit sich zur Seite
Schön sechseckt zusammenfügt.

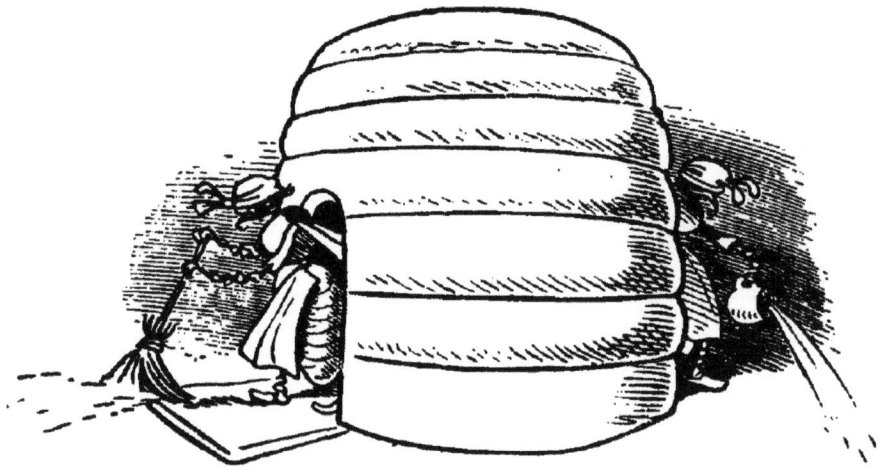

Schau! Dienenlieschen in der Frühe
Bringt Staub und Kehricht vor die Tür;
Ja! Reinlichkeit macht viele Mühe,
Doch später macht sie auch Pläsier.

Wie zärtlich sorgt die Tante Linchen
Für's liebe kleine Wickelkind!

„Hol Wasser!" ruft sie, „liebes Minchen,
Und koch den Brei, und mach geschwind!"

Auch sieht die Zofen man, die guten,
Schon emsig hin- und wiedergehn;
Denn ihre Majestät geruhten
Höchstselber soeben aufzustehn.

Und nur die alten Brummeldrohnen,
Gefräßig, dick und faul und dumm,
Die ganz umsonst im Hause wohnen,
Faulenzen noch im Bett herum.

„Hum!" brummelt so ein alter Brummer,
„Was, Dunner! Ist es schon so spät!?
He, Trine! Lauf einmal herummer
Und bring uns Honigbrot und Met!"
„Geduld!" ruft sie, „ihr alten Schlecker!"
Und fliegt zu Krokus, dem Bienenbäcker.

„Hier diese Kringel, frisch und süße",
So lispelt Krokus, „nimm sie hin;
Doch höre, sei so gut und grüße
Aurikelchen, die Kellnerin!"

Hier steht Aurikel in der Schenke
Und zapft den Gästen das Getränke.

Als sie den Brief gelesen hat,
Da schrieb sie auf ein Rosenblatt:

Schnell fliegt das Bienchen von Aurikel
Zu Krokus mit dem Herzartikel.

Jetzt heim! Denn schon mit Zorngebrumme
Rumort und knurrt die Drohnenbrut:

„Du dumme Trine! Her die Mumme!
Wenn man nicht alles selber tut!"

Zweites Kapitel

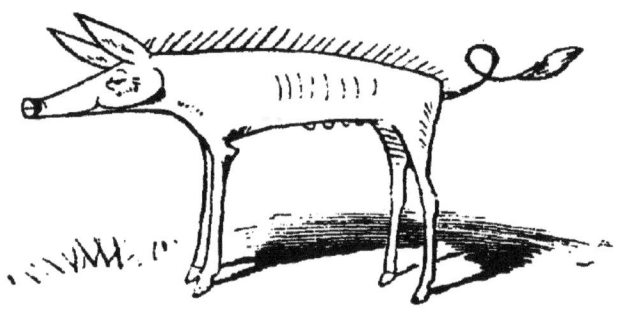

Hans Dralle hat ein Schwein gar nett,
Nur ist's nicht fett.

Es schnuppert keck in allen Ecken
Und schabt sich an den Bienenstöcken.

Die Bienen kommen schnell herfür
Und sausen auf das Borstentier.

U, ik! U, ik! So hat's geschrien.
Hans Dralle denkt „Was hat das Schwein?!"

Wie staunt Hans Dralle, als er's da schön abgerundet stehen sah!

Der Schweinverkäufer geht vorüber:
„Was wollt Ihr für das Schwein, mein Lieber?"
„So'n twintig Daler, hab ick dacht!"
„Hier sind sie, fertig, abgemacht!"

Hans Dral'e denkt sich still und froh:
„Was schert et meck! Hei woll dat jo!"

Er stellt sich flugs vor seine Bienen
Und pfeift ein altes Lied von ihnen:

Fliege, liebe Biene, fliege
Über Berg und Tal
Auf die Blumen hin und wiege
Dich im Sonnenstrahl!

Kehre wieder, kehre wieder,
Wenn die Kelche zu;
Leg' die süße Bürde nieder
Und geh auch zur Ruh'!

Ei, ei! Was soll denn dieses geben?!
Zwei Bienen schon mit Wanderstäben?!

Hans Dralle schaut ins Immenloch:
Wat Deuker! Hüte swarmt se noch!

Die Luft ist klar, die Luft ist warm;
Hans Drall wartet auf den Schwarm.

Ihm wird so dumm und immer dümmer;
Hans Dralle sinkt in sanften Schlummer.

Tüt, tüt! Sim, sim! So tönt es leise
Im Bienenstocke her und hin;
Es sammelt sich das Volk im Kreise,
Denn also spricht die Königing:
„Auf, Kinder! Schnürt die Bündel zu!
Er schnarcht der alte Staatsfilou!
Nennt sich gar noch Bienenvater!
Ein schöner Vater! Sagt, was tat er?
Und wozu taugt er?
Aus seinem Stinkehaken raucht er!
Ist ein Gequalm und ein Geblase,
Ewig hat man den Dampf in der Nase!
Da hält man sich nun im Sommer knapp,
Schleppt und quält und rackert sich ab;
Denkt sich was zurückzulegen,
In alten Tagen den Leib zu pflegen...
Ja wohl!
Kaum sind Kisten und Kasten voll,
Trägt uns der Schelm den Schwefel ins Haus
Und räuchert und bläst uns das Leben aus.
Kurzum er ist ein Schwerenöter!
Ein Honigdieb und Bienentöter!
Drum auf und folgt der Königin!!"

Schnurrdirburr! Da geht er hin!

Drittes Kapitel

Zuweilen brauchet die Familie
Als Suppenkraut die Petersilie.
Und da nun grad Christine Dralle
Heut' morgen auch in diesem Falle,
So sieht man sie mit Wohlgefallen

In ihres Vaters Garten wallen.
Herrn Knörrjes Garten liegt daneben;
Und ach! Sie denkt an Knörrje eben.
Zu Anfang schätzt sie ihn als Lehrer,
Dann aber immer mehr und mehrer;
Und also schlich die süße Pein
Sich peu a peu ins Herz hinein.
Die liebe, meistens schmerzlich heiter,
Vergisst gar leicht die Suppenkräuter;
Sie liebt vielmehr die Blumenkelche,
Und auch Christine pflückt sich weche.

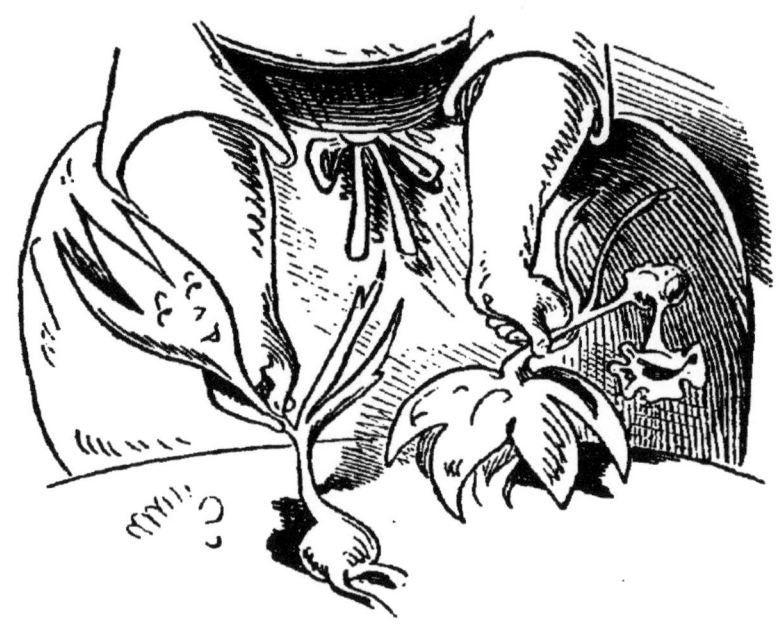

Aurikel – Krokus – diese Guten
Sind so vereint, eh' sie's vermuten.

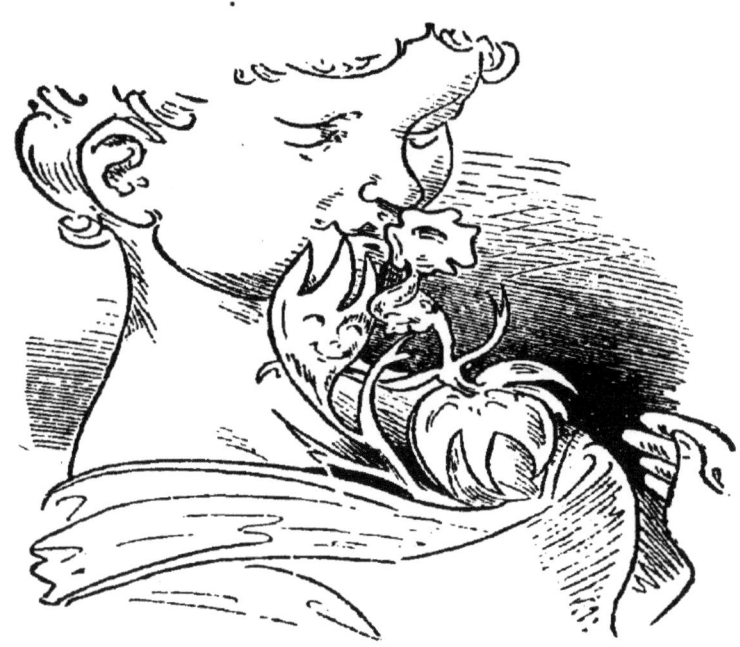

Christine aber lässt sich nieder
Unterm Flieder.

Herrn Knörrjes Neffe, der Eugen,
Hat dies mit Freuden angesehn;
Denn dieser Knab' von vierzehn Jahren,
So jung er ist und unerfahren,
Fühlt doch, obschon noch unbewusst,
Ein süßes Ahnen in der Brust.

Behutsam schleichend, auf der Lauer,
Drückt er sich an die Gartenmauer;
Dann plötzlich macht er einen Satz,
Und – pitsch! – Christine kriegt'n Schmatz.

Und – schwapp! – da tönt's im tiefen Bass:
„Ha, Ungetüm, was ist denn das?!!"
Herr Knörrje schlägt mit seinem Stabe,
Und tief gekränkt entflieht der Knabe.

Herr Knörrje aber fasste ans Kinn
Christinen, seiner Nachbarin.
Er hebt es leise in die Höh'
Ach ja! Und sie errötete!

„Hier diese Blumen, darf ich's wagen?"
Christine wagt nicht nein zu sagen.

Jetzt fasst er sanft ihr um das Mieder,
Ach ja! Und sie errötet wieder.

Und jetzt, da gibt er gar zum Schluss
Dem guten Mädchen einen Kuss.

„Ade! Und also so um zehn
Beim Bienenhaus! Auf Wiedersehn!"
Eugen, der horcht, bemerkt mit Schmerzen
Das Einverständnis dieser Herzen.

Nun steht er da und schreit und lärmt:
„He! Nachbar, he! Der Imme schwärmt!"

Viertes Kapitel

Hans Dralle, der noch immer schlief,
Als ihn Eugen so heftig rief.
Erwacht aus seinem sanften Traum

Da hängt der Schwarm im Apfelbaum!

Schnell Kappe her und Korb und Leiter,
Sonst fliegt er noch am Ende weiter!

Gar wohl vermummt, doch ohne Bangen
Hat er den Schwarm bereits gefangen;

Hoch oben steht er kühn und grade,
Da sticht's ihn in die linke Wade.

Au jau! Die erste Sprosse bricht,
Denn viel zu groß ist das Gewicht;

Und kracks! Ist er herabgeschossen
Durch alle sieben Leitersprossen.

Die Bienen aber mit Gebraus
Sausen ums Haus.

Zwei Knaben sitzen an der Pfütze
Und spritzen mit der Wasserspritze.
Die Bienen kümmern sich nicht drum,
Sie sausen weiter mit Gebrumm.

Den Besen schwingt die alte Grete,
Der Kirmesanton bläst Trompete.

Ernst, Fritz und Wilhelm pfeifen, schrein;
Der Schwarm lässt sich darauf nicht ein.

Jetzt ist er oben am Kamin,
Drr Schornsteinfeger sieht ihn ziehn.

Jetzt geht er übers Kirchendach;
Krach! Schießt der Förster hinten nach.

Jetzt hinkt Hans Dalle auch daher;
Und jetzo sieht man gar nichts mehr.

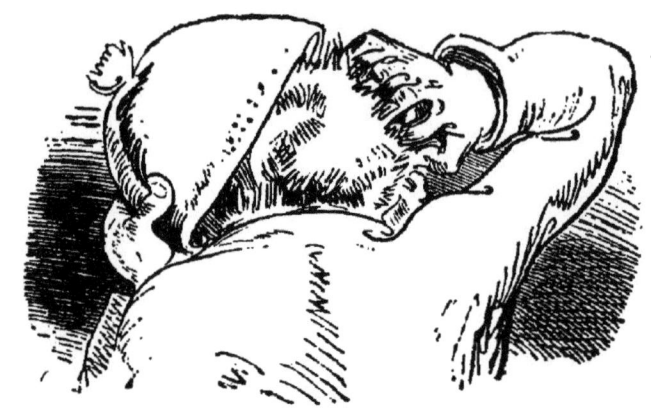

„Mi ärgert man" denkt er „datt dat
Min Nawer Knörrje seihen hat."

Fünftes Kapitel

So machet dem Apisticus
Die Schwärmerei gar viel Verdruss;
Und ganz besonders hat sie Drallen
Seit der Geschichte sehr missfallen.
Doch solcherlei Verdrusse pflegen
Die Denkungskräfte anzuregen.

„Platz mot'r sin!" so denkt er weise
Und macht zwo große Strohgehäuse.
„Recht guten Morgen auch, mein Lieber!"
Ruft Knörrje da zu ihm herüber.
„So fleißig?! Nun, wie geht es Ihnen?
Und dann, wie geht's den lieben Bienen?"
„Ja, ja, die Minsche mot sick plagen!"
„Mein Freund, das müssen sie nicht sagen!
Die Immen sind ja ein Vergnügen,
Wie sie so umeinander fliegen;

Und standen auch in großem Ruhme
Bereits im grauen Heidentume.
So zum Exampel hielt Virgil,
Der ein Poet, von ihnen viel;

Denn als die römischen Legionen,
Die ja bekanntlich nichts verschonen,
Am Ende auch bei ihm erschienen,
Wer half ihm da, wie seine Bienen?"

Friedlich lächelt Virgil, umsäuselt von sumsenden Bienen;
Aber die runzlichte Schar bärtiger Krieger entfleucht!

„Wenn man de Schwarmeri nich wör!"
Sagt Dralle „Datt is dat Malör!"
„Mein lieber Freund, das ist zum Lachen;
So habt ihr, ehe man's gedacht,
Aus einem Stocke zwei gemacht;
Ableger, Freund, das heißt Methode!!"

Sechstes Kapitel

Eugen, der nach dem Mittagessen
Im schattenkühlen Wald gesessen,

Sieht hier mit herzlichem Vergnügen
Aus einem Baume Bienen fliegen.

Aha, das müssen wir versuchen,
Da drinnen gibt es Honigkuchen!

Schnell steigt der Eugen auf den baum,
Von oben in den hohlen Raum.

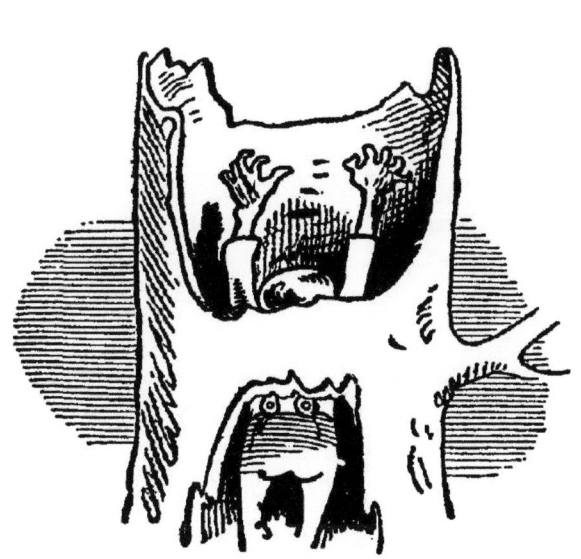

Nur Vorsicht, immer leise! Schrapp!
Da rutscht er auf den Grund hinab.

Da sitzt er nun im Baume fest,
Die Beine stehn im Immennest,

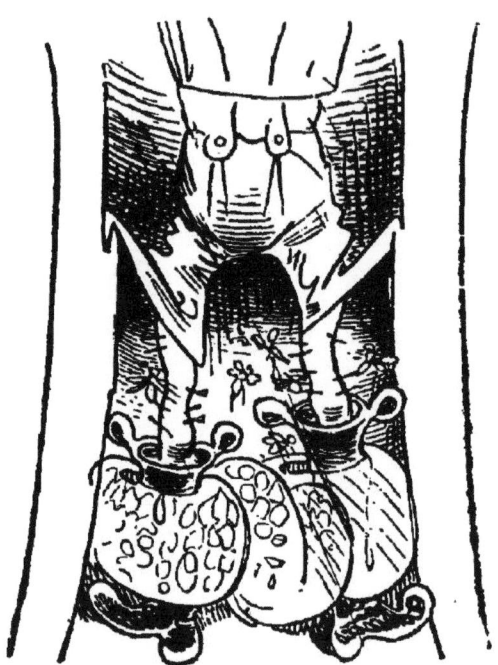

Und leider haben auch nach oben
Die Hosenschläuche sich verschoben,
So dass auf seine bloßen Waden
Die Bienen ihren Zorn entladen.

Ein alter, rupp'ger Tanzebär,
Der durchgebrannt, kommt auch daher.

„Da muss ich wohl von oben kommen!"
Denkt er – und ist hinaufgeklommen.

Ach! Wie erschrak der Jüngling da,
Als er das Tier von hinten sah.

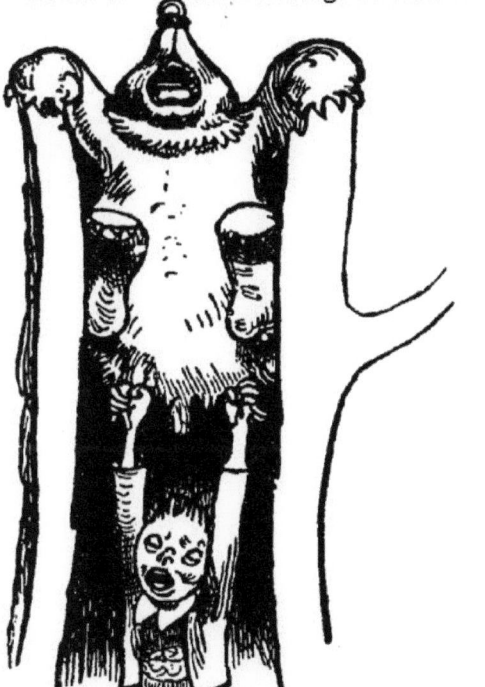

Uhuu! mit schrecklichem Geheul
Fasst er des Bären Hinterteil.
Dem Bären fährt es durch die Glieder.
Der Schreck treibt ihn nach oben wieder.

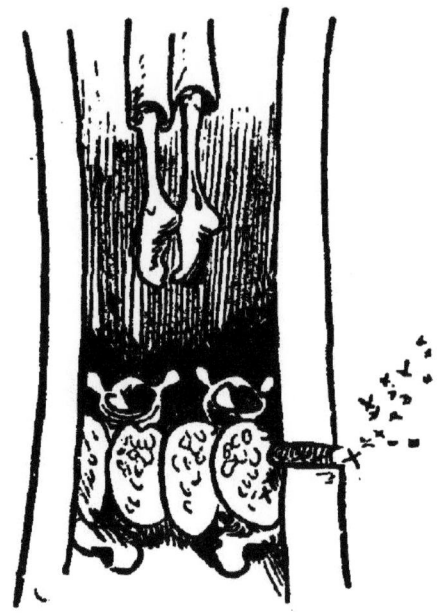

Er reißt den Knaben aus den Ritzen,
Doch beide Stiefel bleiben sitzen.

Grad ist Hans Dralle hergekommen
Und auch auf diesen Baum geklommen.

Habuh! Was war das für ein Graus
Grad krabbelt da der Bär heraus.

Und alle drei kopfüber purzeln
Hernieder auf des Baumes Wurzeln.

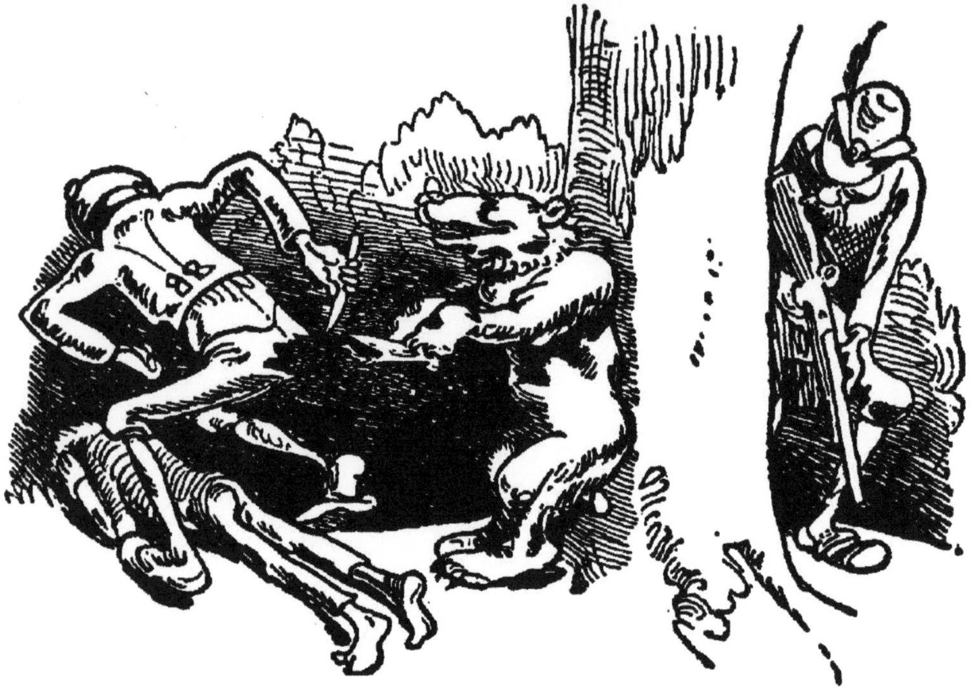

Und grad kommt Förster Stakelmann
Und legt die lange Flinte an.

Fürwahr! Er hätte ihn getroffen,
Wär' nur der Bär nicht fortgeloffen.

Jetzt, eins zwei drei, geht man dabei
Und sägt den Honigbaum entzwei.

Und denkt nicht daran, dass man durchbohre
Des Jünglings beide Stiefelrohre.

Hans Dralle aber trägt Verlangen,
Das Bienenvolk sich einzufangen.
„Nu sühst du woll! Nu heb ick deck!"
Schnurr! Geht der Schwarm von unten weg.

Siebentes Kapitel

Der Knabe Eugen, der indessen
Aufs Honigessen ganz versessen,

Gedenkt denselben ganz verstohlen
Aus Drallen Körben sich zu holen.

Ojemine! Ein ganzes Korps
Von Bienen rückt auf einmal vor.

Und pudelrauh ist der Eugen
Vom Kopf herab bis zu den Zeh'n.

Zum Glück ist Wasser in der Näh'
Perdums! Kopfüber in den See!

Sieh da! Er taucht schon wieder auf
Und eilt nach Haus in schnellem Lauf.

Dem guten Knaben ist recht übel,
Drum schnell mit ihm zu Doktor Siebel.

Der Doktor Siebel horcht am Magen:
„Da murkst ja einer, möchte ich sagen!
Und judizier' ich, dass der Knabe
Ein Ungetier im Leibe habe;

Als welches wir sogleich mit Listen
Gewissermaßen fangen müssten!

Schau, schau! Da ist der Bösewicht!

Allez! Der Schönste bist du nicht!"

Schnell huckt der Frosch zum nahen Teich
Und nimmt ein kühles Bad sogleich.
Er rüttelt sich, er schüttelt sich:
„Quarks dreckeckeck! Da danke ich!"

Achtes Kapitel

Man sollte denken, dass nach allen
Verdrüssen, welche vorgefallen,

Am Ende dieser gute Knabe
Vor Süßigkeiten Abscheu habe!

Ach nein! Schon spekuliert der tropf
Auf Vater Dralles Honigtopf,
Der, wie er weiß, auf einem Brett
Dicht über dessen Bette steht.

Als heut nun Dralle lag und schlief,
So gegen zehn recht fest und tief,

Da ist's ihm so, also ob was rauscht.
Hans Dralle spitzt das Ohr und lauscht.

Ha! Schleicht nicht dort aus jener Tür
Ein greulich Phänomen herfür??!!

In seinen Augen kann man's lesen:
Dies ist fürwahr kein menschlich Wesen!!

Ein Quadruped ist hier zu schauen,
Ein Flügeltier mit Schweif und Klauen.

Hans Dralle steht das Haar nach oben,
Die Zipfelhaube wird gehoben.

Schon kommt's mit fürchterlichen Sprüngen,
Den Bienenvater zu verschlingen.

Und dumpf ertönt's wie Geisterstimmen:
„Hans Dralle, kiek na dinen Immen!"

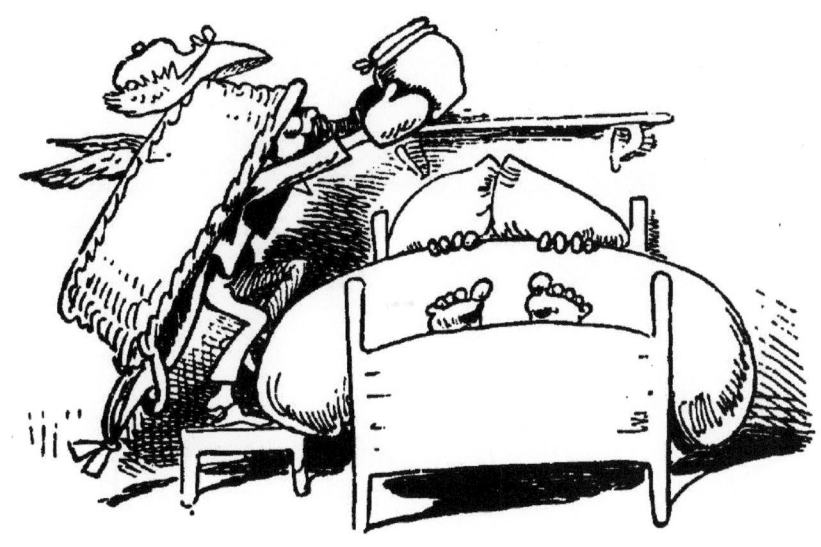

Es hebt sich auf die Hintertatzen,
Man hört es an den Wänden kratzen.

Gottlob! Jetzt kehrt es wieder um!
Hans Dralle ist vor Schrecken stumm.

Ihm hängt der Schweiß an jedem Haar,
Bis das Phantom verschwunden war.

Bald darauf sitzt der Eugen zu Haus
Und schleckt den Topf voll Honig aus.

Neuntes Kapitel

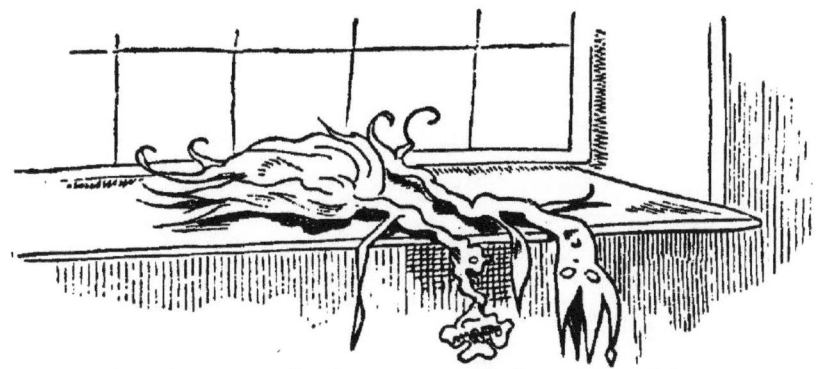

Die Blumen, die Christine pflückte,
Womit sie Knörrje hochbeglückte,
Sie hängen auf dem Fensterbord
Und sind verdorrt.

Herr Knörrje nimmt und legt sie nieder
Und presste sie in sein Buch der Lieder,
Wo diese treuen Seelen nun
Auf ewig beieinander ruhn.

Vom Kirchenturme tönt es zehn,
Für Knörrje ist es Zeit zum Gehen.
Er eilt aus seiner stillen Klause
Zum Rendezvous beim Bienenhause.

Wo schon Christine harrend weilt
Und ihrem Freund entgegeneilt.

Doch horch! Was hör' ich dort sich regen?!
Es ist ein Dieb auf bösen Wegen.

Der Bienenraub ist sein Gewerbe;
Nur schnell hier in die großen Körbe!!

„Ja", spricht der Dieb, „da ist's am besten,
Ich nehme gleich den allergrößten!"

Er packt sich richtig Knörrjen auf
Und eilt davon im Dauerlauf.

„Hoho!" schrei Knörrje, „wart, du Tropf!"
Und stülpt den Korb ihm übern Kopf.

Vergebens sucht er sich zu sträuben,
Er muss im Korbe sitzen bleiben.

Doch ach! Was muss Christine schaun?!
Der Zottelbär steigt übern Zaun,

Riecht in den Korb, und mit Geblase
Steckt er durchs Spundloch seine Nase.

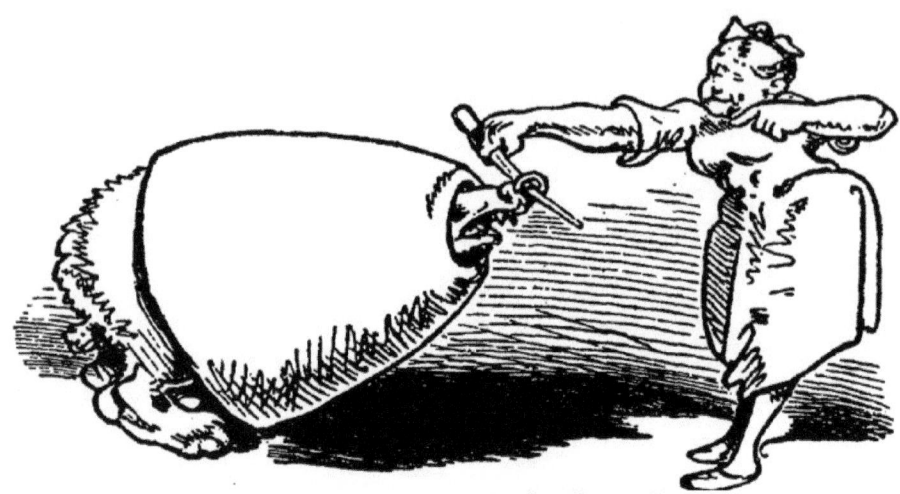

Hier diesen Pflock, nur flink, nur flink!
Quer durch des Bären Nasenring!

Ja, brülle nur!
Die Nase geht nicht mehr retour!

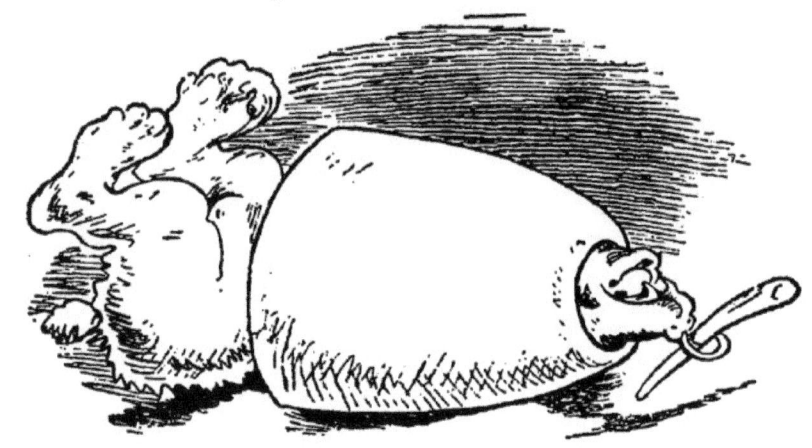

So wär' nun alles wohlgelungen;
Die Liebenden stehn fest umschlungen.

Da naht Hans Dralle. Die Geschichte
Sieht er mit staunendem Gesichte.

Er steht und staunt und wundert sich:
„Ne Kinders, düt verstah eck nich!"

Doch Knörrje, der das Wort genommen,
Erzählt, wie alles so gekommen.

„No ja!" spricht Dralle „Minetwegen!"
Und gibt dem Paare seinen Segen.

Schon stehn umher voll Schreckensfreude
Des Dorfes wackre Biederleute.

Der Förster will den Bären schießen,
Wenn sie ihn nur zufrieden ließen.

Die Wache naht, Sie trägt sofort
Den Dieb an einen stillen Ort.

Und auch der Bärenführer kommt
Und nimmt den Bären, welcher brommt.

Der Anton stößt in die Trompete,
Und „Vivat!" schreit die alte Grete;

Und „Vivat!" schreien sie nun alle,
„Vivat, es lebe unser Dralle!!"

Weitere Ausmalbücher von Luisa Rose:

Titel	ISBN
Alice im Wunderland	9783741297502
Blumen und Märchen	9783743102002
Der Struwwelpeter	9783743102699
Die Struwwelliese	9783743102811
Don Quixote	9783743104037
Drei kleine Schweine	9783743104099
Eine Blumenhochzeit	9783743104105
Fröhliche Reigenspiele	9783743104112
Lustige Tanzspiele	9783743104273
Reise ins antike Griechenland	9783743112568
Flucht ins antike Griechenland	9783743112599
Pariser Leben im 19.Jahrhundert	9783743112704
Die Sommerkönigin	9783743112742
Der Schneider und die Krähe	9783743112827
Die Wikinger	9783743113275
Hänsel und Gretel	9783743114265
Max und Moritz	9783743103214
Schnurrdirburr	9783743112834
Mode des 18. und 19. Jahrhunderts	9783743112971
Kostümbilder des 18. und 19. Jahrhunderts	9783743114401
Abenteuer im Bienenland	9783743117051
Griechische Helden der Antike	9783743117709
Märchen alter Zeit	9783743116559

Notizbücher von Luisa Rose:

Titel	ISBN
Drachentöter (Notizbuch)	9783743113077
Natures Wonders (Notizbuch)	9783743113817
Gedankenspiel Notizen (Notizbuch)	9783743113886
Smaragd Notizen (Notizbuch)	9783743114296
Jagd Notizen (Notizbuch)	9783743114302
Tradition (Notizbuch)	9783743114319
Antik Notizbuch (Notizbuch)	9783743114326
Veni Vidi Vici (Notizbuch)	9783743114340
Black List (Notizbuch)	9783743114371
Mystic Notes (Notizbuch)	9783743114388
Magic Notes (Notizbuch)	9783743114418
Fantasien (Notizbuch)	9783743114463
Creative Notes (Notizbuch)	9783743114487
Persönliche Notizen (Notizbuch)	9783743114494
Peter Pan (Notizbuch)	9783743114531
Rose (Notizbuch)	9783743114548
Quality Street (Notizbuch)	9783743114555
Rubin Notizen (Notizbuch)	9783743114647
Schmetterlinge (Notizbuch)	9783743114661
Ali Baba (Notizbuch)	9783743114678
The portrait of a Lady (Notizbuch)	9783743114692
Shakespeare (Notizbuch)	9783743114722
Brainstorming (Notizbuch)	9783743114739
Merlin (Notizbuch)	9783743114746
Rügen (Notizbuch)	9783743114784

Möchtest du über neue Bücher von Luisa Rose per email Informiert werden? Dann schicke eine Email mit ‚Newsletter' im Betreff an Luisa.Rose@t-online.de